Petits pertot arreu

SUSAN MEYERS

Il·lustracions de MARLA FRAZEE

Corimbo

Av. Pla del Vent 56, 08970 Sant Joan Despí (Barcelona)
e-mail: corimbo@corimbo.es
www.corimbo.es
Traducció al català: Fina Marfà
1ª edició, abril 2013

Títol de l'edició original: Everywhere babies
Imprès a AVC Gràfiques, S.L.
Dipòsit legal: B-5117-2013
ISBN: 978-84-8470-475-1

Per a Dylan i Trevor,
els nadons més grans.

S. M.

Amb tot l'amor, per a Graham, Reed
i James, cada dia, a tot arreu.

M. F.

Cada dia, a tot arreu,

de prims,

En neixen de grassos,

de més llargs,

de petits,

neixen bebès~

en neixen a l'hivern i a la primavera,

a l'estiu i a la tardor.

Cada dia, a tot arreu,

a les galtes,

a les orelles,

a les mans,

al nas,

els fem petons~

al cap, a la panxa,

als dits dels peus.

Cada dia, a tot arreu,

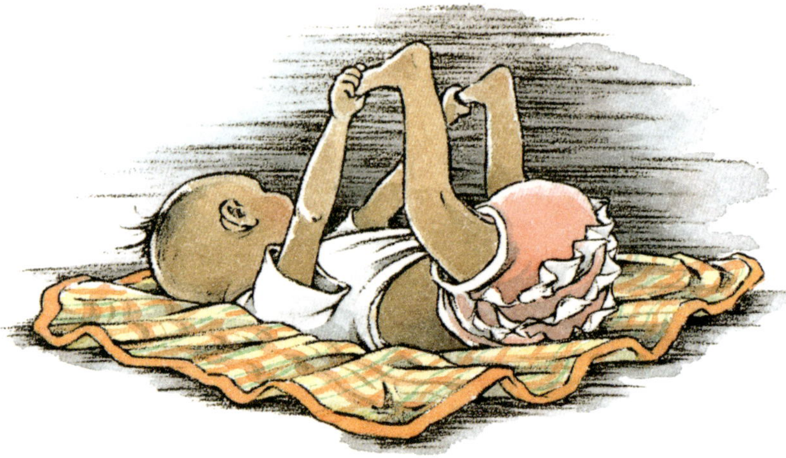

amb bolquers i camisoles, amb pijames i abrigalls,

els vestim~

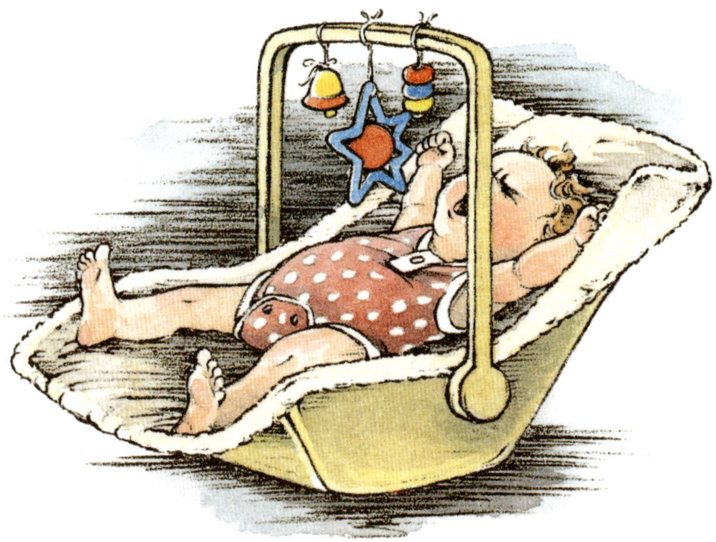

amb granotes i vestits, amb conjunts de carrer i amb samarretes.

Cada dia, a tot arreu,

amb biberó,

amb el pit de la mare,

amb bol i amb cullera,

els alimentem~

amb llet,

cereals,

pastanagues

i purés.

Cada dia, a tot arreu,

al bressol, al balancí

per fer la migdiada i a la nit,

els gronxem~

amics i familiars els amanyaguen,

els acaronen i els abracen ben fort.

Cada dia, a tot arreu,

dins la motxilla penjada darrere,

o davant,

en cotxets

i en cadiretes,

els portem a passejar ~

al seient de la bicicleta,

al seient del cotxe,

i damunt les espatlles del pare.

Cada dia, a tot arreu,

criden i xisclen,

riuen i parlotegen,

Per a Dylan i Trevor,
els nadons més grans.

S. M.

Amb tot l'amor, per a Graham, Reed
i James, cada dia, a tot arreu.

M. F.

Cada dia, a tot arreu,

de prims,

En neixen de grassos,

de més llargs,

de petits,

s'esvaloten i fan soroll~

i també piquen de mans.

esquitxen, s'enfaden

Cada dia, a tot arreu,

amb sonalls i baldufes, i amb llibres que no trenquen,

juguen amb joguines~

amb pots i cassoles velles o amb un gran ós de peluix.

Cada dia, a tot arreu,

jugant a fer tat,

picant de mans,

rient perquè els fan pessigolles,

s'ho passen d'allò més bé~

muntant a cavall,

jugant a pilota,

enfilats damunt el pare.

Cada dia, a tot arreu,

un gosset, un gatet, un peix vermell, un conillet,

els nens fan amics~

altres criatures, persones més grans, qualsevol que els faci riure.

Cada dia, a tot arreu,

cap endavant i cap enrere,

d’esquena i de genolls,

van de quatre grapes~

i per tots els llocs que els agraden.

escales amunt i avall,

Cada dia, a tot arreu,

ara un pas, ara un altre, cauen i després…

caminen~

s'aixequen i ho tornen a provar.

Cada dia, a tot arreu,

i aprenen a córrer, a saltar,

a tirar-se pel tobogan, a gronxar-se,

es van fent grans~

a jugar amb la pala, a enfilar-se tots sols,

a parlar, a cantar.

Cada dia, a tot arreu,

per haver arribat tan lluny,

per haver-se esforçat tant,

els estimem~

per ser tan bufons.

Ni més ni menys que per ser tal com són!